GW00454962

# LE ROMAN DE LA MOMIE

### Théophile Gautier

Adapté en français facile
par Brigitte Faucard-Martinez

**CLE**
INTERNATIONAL

N° de projet : 10257338 - Dépôt légal : mars 2017
Imprimé en France en juillet 2019 par la Nouvelle Imprimerie Laballery - N° 906407

THÉOPHILE GAUTIER naît à Tarbes le 30 août 1811. En 1814, il part vivre avec sa famille à Paris et entre, en 1822, au collège Louis-le-Grand. Il ne finit pas ses études de philosophie et se consacre à la peinture, qu'il abandonne bientôt pour la littérature.

Ses œuvres les plus célèbres sont : *Les Jeunes-France* (1833), *Mademoiselle de Maupin* (1836), *Les Grotesques* (1844), *Le Roman de la momie* (1858) et *Le Capitaine Fracasse* (1863).

Il meurt à Neuilly-sur-Seine en 1872.

\*\*\*

À l'époque où vit Théophile Gautier, on ressent, dans les milieux artistiques, une véritable attirance pour l'Orient. Gautier, comme ses contemporains, aime et idéalise ces pays lointains et plus particulièrement l'Égypte, qu'il découvre vers la fin de sa vie (1869).

Pour écrire *Le Roman de la momie*, il consulte donc un grand nombre d'ouvrages sur l'Égypte ancienne, entre autres *Lettres écrites d'Égypte et de Nubie* de Jean-François Champollion[1], qui lui permet de trouver le nom de son héroïne, Tahoser.

Théophile Gautier est un des principaux poètes parnassiens de la seconde moitié du XIXᵉ siècle. Les Parnassiens – leur nom vient du *Parnasse contemporain*, premier livre de poésie qu'ils publient – sont des poètes qui, par réaction contre le romantisme, créent une poésie réaliste dans laquelle aucun sentiment, aucune émotion de l'auteur ne peut intervenir. C'est la théorie de « l'art pour l'art », que proclame Théophile Gautier lui-même.

*Le Roman de la momie*, œuvre pleine de poésie, est un parfait exemple du désir de Théophile Gautier

---

Les mots ou expressions suivis d'un astérisque* dans le texte sont expliqués dans le Vocabulaire page 55.

---

1. J.-F. Champollion : égyptologue* français. Ses découvertes ont permis de déchiffrer les hiéroglyphes*.

PISTE 1

— *J*'AI L'IMPRESSION que nous trouverons dans la Vallée des Rois\* un tombeau inviolé[1], dit un homme un peu chauve à un jeune Anglais d'aspect noble.

– J'espère qu'Osiris\* vous entendra, répond le jeune homme.

– Un tombeau dans lequel personne n'est entré et qui nous offrira ses richesses et son mystère.

Cette conversation a lieu près du Nil, à l'entrée de la Vallée des Rois, entre Lord Evandale et le docteur Rumphius. Le bateau qui a amené les deux voyageurs et qui leur sert de logement est resté de l'autre côté du Nil. Après avoir visité les magnifiques ruines de Thèbes, les voyageurs ont traversé le fleuve et se dirigent maintenant vers la chaîne de montagnes où se trouvent les tombeaux des anciens rois.

Lord Evandale est un de ces jeunes Anglais parfaits sur tous les points. Ayant hérité une grande fortune, il aime de temps en temps faire un beau voyage. L'année d'avant, il a visité l'Islande ; cette année, il a choisi l'Égypte et a emmené avec lui le professeur Rumphius, célèbre égyptologue.

---

1. Inviolé : qui n'a jamais été ouvert.

Le lord et le docteur avancent en bavardant vers les rochers où se trouvent les tombeaux des anciens rois de Thèbes, lorsqu'un nouveau personnage fait son apparition. Il vient se placer devant les voyageurs et les salue.

Cet homme, qui est entrepreneur de fouilles[1], est grec. Il observe depuis longtemps le bateau de Lord Evandale et il a tout de suite compris qu'il appartient à un riche voyageur. Il espère donc faire de bonnes affaires.

Il cherche depuis quelque temps l'occasion de parler avec le lord et la trouve enfin.

– Votre Seigneurie[2] a-t-elle l'intention de faire des recherches ? demande le Grec. Je peux mettre à votre disposition une centaine de fellahs* qui travailleront dur pour vous satisfaire. Nous pourrons essayer, si Votre Seigneurie accepte, de déblayer[3] un sphinx* caché, d'ouvrir un hypogée[4]...

Voyant que le lord ne bouge pas et que le savant se contente de sourire, Argyropoulos (c'est le nom du Grec) comprend qu'il n'a pas affaire à n'importe qui, et il décide de changer de tactique avec les voyageurs.

– Je vois que vous êtes des savants et non de simples voyageurs. Je vais vous montrer un tombeau dans lequel personne n'est entré. Je suis seul

---

1. Entrepreneur de fouilles : homme qui dirige les travaux réalisés dans le but de trouver des objets appartenant aux anciennes civilisations.
2. Seigneurie : on dit Votre Seigneurie quand on parle à un noble.
3. Déblayer : dégager, retirer la terre qui couvre un objet.
4. Hypogée : tombeau qui est sous terre.

à connaître l'endroit où il se trouve. C'est un trésor que j'ai gardé pour quelqu'un comme vous.

– Et vous le ferez payer très cher, dit le lord avec un sourire.

– C'est un fait, et j'espère vraiment gagner de l'argent avec ma découverte. Chacun vit de son métier dans ce monde. Le mien est de déterrer[1] des Pharaons* et de les vendre aux étrangers. Milord[2], pour un tombeau de l'Antiquité que personne n'a encore visité depuis plus de trois mille ans, mille guinées[3], est-ce trop ? En vérité, ce n'est pas cher du tout, car vous trouverez sûrement beaucoup d'or, de bijoux, de perles, de monnaies et autres richesses.

– Ha, ha ! dit Rumphius, vous savez vendre votre marchandise ; mais vous savez aussi bien que moi qu'on ne trouve rien de cela dans les tombeaux égyptiens.

Argyropoulos, préférant ne pas écouter ce commentaire, se tourne vers Evandale et lui dit :

– Eh bien, milord, qu'en dites-vous ?

– Je suis d'accord pour vous donner mille guinées, répond le jeune Anglais, si le tombeau n'a jamais été ouvert, comme vous le dites.

– Et à condition, ajoute Rumphius, que nous emportions tout ce qui se trouve dedans.

J'accepte, dit Argyropoulos.

Les voyageurs, suivant le Grec, pénètrent dans la Vallée des Rois.

---

1. Déterrer : sortir de terre.
2. Milord : on dit Milord quand on parle à un lord anglais.
3. Guinée : ancienne monnaie anglaise.

La vallée a un aspect plutôt triste. Il n'y a pas une seule herbe, pas un seul signe de vie. Il n'y a que des rochers.

Parfois, s'ouvrent çà et là des trous noirs entourés de blocs de pierre. Ce sont les tombeaux des anciens rois de Thèbes. Mais Argyropoulos ne s'arrête pas et conduit les voyageurs jusqu'à une sorte de plate-forme. Là, il leur montre une énorme pierre et dit :

– C'est là !

Puis il frappe dans ses mains et aussitôt, des différents coins de la vallée, arrivent très vite des fellahs, qui portent toutes sortes d'outils.

Le Grec fait signe à trois hommes qui placent aussitôt leurs leviers sous le plus gros rocher. Après bien des efforts, on parvient à le déplacer. Le Grec a raison : les voyageurs se trouvent devant l'entrée d'un tombeau où personne n'est encore entré. Derrière un mur de pierre que les fellahs font bientôt tomber, on découvre la porte du monument.

Sur l'ordre d'Argyropoulos, les ouvriers commencent à donner des coups sur la porte du tombeau, en prenant soin de ne pas abîmer les hiéroglyphes qui la décorent. Elle tombe et la lumière du jour permet alors de voir l'entrée d'un couloir. Une figure de couleur rouge, à tête d'épervier et qui porte le pschent*, apparaît à l'entrée du tombeau.

Quelques fellahs allument des torches et avancent devant les deux voyageurs, toujours accompagnés du Grec. Ils respirent très mal. Rumphius transpire beaucoup. Evandale, lui-même, rougit et sent son front se mouiller.

Au fond du couloir, une porte de pierre indique qu'il existe un autre couloir qui s'enfonce dans la montagne. On attaque la porte qui s'ouvre bientôt. Un escalier se présente aux yeux des voyageurs.

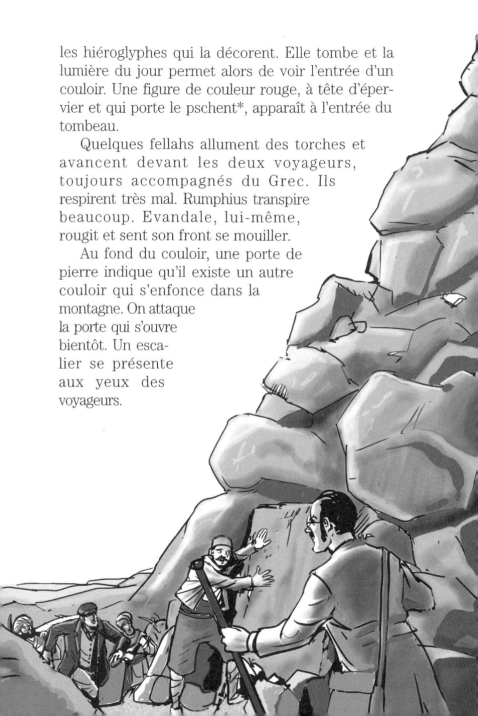

– Ah çà ! dit Rumphius, essoufflé, en voyant qu'un autre couloir succède à l'escalier, nous allons donc descendre jusqu'au centre de la Terre ?

Les murs de ce nouveau couloir sont couverts de peintures et de hiéroglyphes. En arrivant au bout du couloir, le fellah qui porte la torche recule soudain.

– Il y a un puits[1], maître, dit-il à Argyropoulos ; que faut-il faire ?

Le Grec prend une torche et la jette au fond du puits, en se penchant avec précaution au-dessus de l'ouverture. La torche descend en sifflant ; on entend bientôt un bruit sourd : elle vient de toucher le fond.

– Apportez la corde à nœuds, crie Argyropoulos. Nous allons sonder[2] les murs du puits.

Huit ou dix hommes tiennent fermement un bout de la corde, tandis que le Grec jette l'autre dans le puits. Puis, avec agilité, il se met à glisser le long de la corde en sondant les murs du puits avec ses talons.

Evandale et Rumphius suivent attentivement tous les mouvements du Grec.

– Je remonte, crie enfin le Grec, fatigué de ses recherches inutiles.

Une fois arrivé au bord du puits, il ajoute :

– Pas un seul passage ! Pourtant, je suis sûr qu'il y a d'autres couloirs.

---

1. Puits : grande ouverture dans le sol.
2. Sonder : examiner avec soin le mur en le frappant pour voir s'il n'y a pas de parties creuses.

S'avançant sur le bord du puits, le Grec examine attentivement les murs qui l'entourent. Tout à coup, son visage change. Il vient d'avoir une idée. Il prend un pic[1] des mains d'un fellah et se met à frapper les murs, au risque d'abîmer quelques hiéroglyphes.

Il a enfin la réponse qu'il attendait : le mur sonne creux[2].

Le Grec pousse un cri de joie. Rumphius et le lord sont satisfaits.

– Creusez là, dit Argyropoulos à ses hommes.

Au bout de quelques instants, une ouverture suffisante pour laisser passer un homme apparaît. Un nouveau couloir conduit à une salle carrée, dont le plafond bleu est soutenu par quatre piliers.

Cette salle donne dans une autre, plus haute de plafond, et soutenue par deux piliers. Des scènes variées – la bari mystique*, le taureau Apis* emportant la momie* vers l'Amenti* – décorent les piliers et la salle.

C'est un travail d'une grande beauté. On comprend tout de suite que le personnage couché dans le tombeau est très important.

On se met alors à sonder les murs. Mais en vain. Il est clair que la salle n'a pas d'issue[3]. Un peu découragée, la troupe revient dans la première salle. Là, Argyropoulos sonde les murs, toujours sans succès. Tout espoir semble perdu.

---

1. Pic : outil qui permet de creuser.
2. Sonner creux : produire le bruit que fait un objet d'apparence pleine mais creux à l'intérieur, lorsqu'on le frappe.
3. Issue : sortie.

– Cependant, dit Rumphius, on n'a pas creusé ces couloirs pour rien. Il doit y avoir un passage. Une dalle[1], bien cachée et couverte de poussière, recouvre sans doute une descente qui conduit à la salle où est enterré le pharaon.

L'idée du docteur plaît au Grec. Il se met à se promener avec ses fellahs, en frappant du pied dans tous les coins de la salle. Enfin, près du troisième pilier, un bruit creux attire l'oreille du Grec. Il se met à genoux pour examiner l'endroit, balaie avec un torchon la poussière du sol et fait apparaître une dalle rectangulaire.

– Je vous disais bien, s'écrie Rumphius, fou de joie, que le souterrain ne pouvait pas se terminer ainsi.

Des outils sont glissés dans l'étroite fissure[2] de la dalle et, après quelques efforts, la dalle bouge et se soulève enfin. Un escalier aux marches hautes et raides apparaît et les voyageurs le descendent à toute vitesse. Un couloir en pente, décoré des deux côtés de figures et de hiéroglyphes, succède aux marches. Il conduit à l'entrée d'une salle du même style que la première mais plus grande, soutenue par six piliers et merveilleusement décorée. À droite et à gauche, des petites chambres s'ouvrent dans le rocher. Elles sont toutes remplies de statues en terre, en bronze et en bois de sycomore*.

– Nous voici dans le vestibule de la salle où doit

---

1. Dalle : plaque de pierre, de marbre qu'on utilise pour recouvrir les sols.
2. Fissure : petite fente.

se trouver le sarcophage[1], dit Rumphius.

– Jusqu'à présent, dit Evandale, le Grec tient sa promesse : nous sommes bien les premiers hommes qui pénètrent ici depuis que le mort a été enterré.

– Oh ! ce doit être un puissant personnage, répond le docteur, un roi, ou un fils de roi ; je vous le dirai plus tard, lorsque j'aurai déchiffré son cartouche*; mais entrons d'abord dans cette salle, la plus belle, la plus importante, et que les Égyptiens appelaient la « salle dorée ».

Lord Evandale marche en tête. Au moment d'entrer dans la salle dorée, lui, qui ne montre jamais ses émotions, ne peut cependant s'empêcher de pousser un grand oh !

Les fellahs allument toutes leurs torches. Les voyageurs peuvent alors mieux apprécier la beauté du lieu. Le spectacle est en effet étrange et magnifique. Éclairées ainsi, les couleurs des peintures de la salle dorée resplendissent[2].

Au milieu de la salle, se dresse le sarcophage creusé dans un énorme bloc de basalte[3] noir, que ferme un couvercle de la même matière.

Aux angles du sarcophage sont posés quatre vases d'albâtre[4] ; ce sont les vases qui contiennent les viscères[5] de la momie. À la tête du tombeau, une statue d'Osiris. Deux statues de femmes se dressent à droite et à gauche de la tombe.

---

1. Sarcophage : cercueil.
2. Resplendir : briller d'un vif éclat.
3. Basalte : roche noire et brillante.
4. Albâtre : minéral très blanc.
5. Viscères : organes contenus dans le ventre.

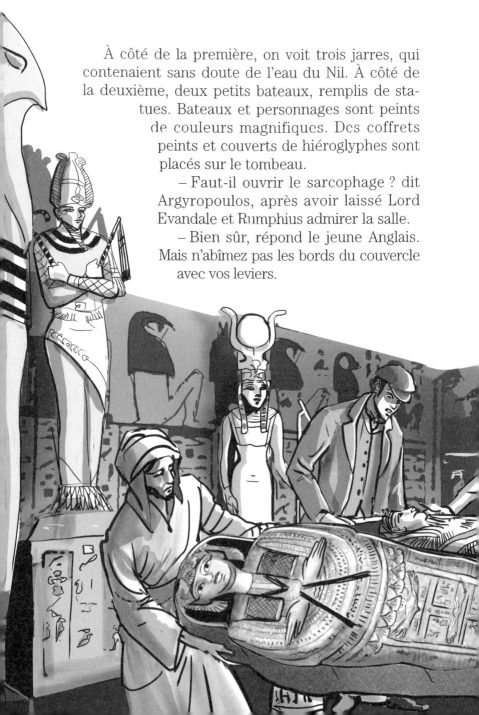

À côté de la première, on voit trois jarres, qui contenaient sans doute de l'eau du Nil. À côté de la deuxième, deux petits bateaux, remplis de statues. Bateaux et personnages sont peints de couleurs magnifiques. Des coffrets peints et couverts de hiéroglyphes sont placés sur le tombeau.

– Faut-il ouvrir le sarcophage ? dit Argyropoulos, après avoir laissé Lord Evandale et Rumphius admirer la salle.

– Bien sûr, répond le jeune Anglais. Mais n'abîmez pas les bords du couvercle avec vos leviers.

Après quelques minutes d'efforts, on parvient à ouvrir le sarcophage. Le premier cercueil apparaît alors. C'est un coffre orné de peintures, de formes géométriques et de hiéroglyphes. On retire le couvercle.

Rumphius, qui se penche sur le sarcophage, pousse un cri de surprise lorsqu'il découvre ce que contient le cercueil.

– Une femme ! une femme ! s'écrie-t-il, ayant reconnu le sexe de la momie à la forme du cartonnage.

Le Grec aussi semble étonné. Dans la Vallée des Rois, il n'y a que des tombeaux

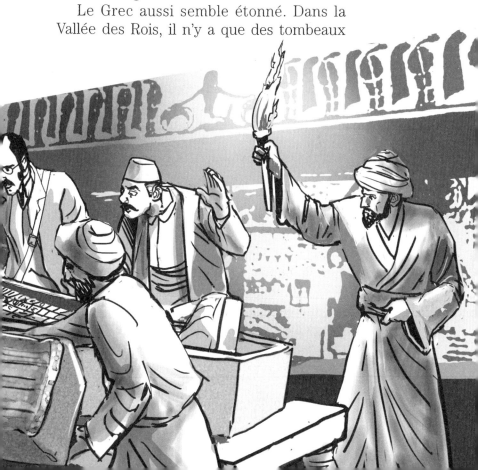

de rois. Les tombeaux des reines se trouvent plus loin. Par quel miracle ce cercueil de femme occupe-t-il ce sarcophage, digne du plus puissant des Pharaons ?

– Ceci change mes théories, dit le docteur à Lord Evandale. Il s'agit sans doute de quelque mystère perdu de l'histoire. Une femme a gouverné l'Égypte. Elle s'appelait Tahoser ; c'est du moins ce que disent certaines inscriptions plus anciennes.

– Vous êtes la seule personne capable de résoudre ce problème difficile, docteur, dit Lord Evandale. Nous allons emporter cette caisse pleine de secrets dans notre bateau ; là, vous pourrez l'étudier tranquillement.

Les fellahs, dirigés par Argyropoulos, emportent l'énorme coffre sur leurs épaules et lui font traverser le Nil pour le conduire dans le bateau de Lord Evandale.

Une fois le cercueil dans la cabine du bateau, Lord Evandale et Rumphius peuvent observer le magnifique cartonnage[1] qui enveloppe la momie. Puis ils le sortent de sa boîte et le dressent contre le mur de la cabine.

Rumphius prend un ciseau et un marteau et il commence à séparer les deux morceaux du cartonnage de la momie. Lord Evandale, attentif et calme, suit tout ce qu'il fait. Le docteur parvient enfin à séparer le moule et la momie apparaît. Une délicieuse odeur de plantes se répand alors dans la cabine.

---

1. Cartonnage : moule qui enveloppe le corps de la momie.

Rumphius retire du cartonnage la momie qui ne
pèse pas plus que le corps d'un enfant et il commence à lui enlever délicatement ses bandelettes*
jaunies par le temps et les essences[1].

La dernière bandelette enlevée, Rumphius et
Evandale ne peuvent retenir un cri d'admiration en
voyant la belle morte. Elle a une taille d'une grande
finesse. Son visage délicat resplendit de beauté.
Sa bouche, légèrement rouge, a un mystérieux
sourire plein de douceur, de tristesse et de charme.

---

1. Essence : parfum.

Ses beaux cheveux noirs retombent sur ses épaules et sont parsemés[1] d'une vingtaine d'épingles d'or. De grandes boucles d'oreilles, de forme ronde, brillent de chaque côté de son visage. Un splendide collier en or et perles fines orne son cou. Plus bas, sur sa poitrine, elle porte deux autres colliers également très beaux. Une ceinture d'or et de pierres de couleur entoure sa taille.

Quelle sensation étrange ! se trouver en face d'un être humain qui vivait au temps de Moïse[2] et qui conserve encore toute sa jeunesse.

En voyant la belle morte, le jeune lord se dit que, s'il avait vécu trois mille cinq cents ans plus tôt, il l'aurait sans doute aimée.

Rumphius, moins poétique, observe avec attention les bijoux de la momie lorsque, tout à coup, il aperçoit entre le corps et le bras de la jeune morte un rouleau de papyrus*.

Il le prend délicatement, se met à le dérouler et s'écrie :

– Ce texte est très étrange et ne ressemble pas à ceux que j'ai l'habitude de lire. J'ai hâte de le déchiffrer.

Le docteur et le lord retournent en Europe. La momie habite maintenant dans le parc de Lord Evandale.

Après trois ans d'études, Rumphius parvient à déchiffrer le mystérieux papyrus. C'est sa traduction que vous allez lire sous ce nom : *Le Roman de la momie.*

---

1. Parsemer : recouvrir çà et là.
2. Moïse : prophète qui a créé la religion et la nation d'Israël (XIIIᵉ siècle avant Jésus-Christ).

# CHAPITRE I

PISTE 2

*T*HÈBES semble endormie sous un soleil de plomb[1]. Il est midi. Une lumière blanche tombe du ciel sur la terre brûlante. Les maisons brillent. Les portes sont fermées et, aux fenêtres, aucune tête n'apparaît.

Cependant, tout ne dort pas dans Thèbes.

Un léger murmure de musique sort des murs d'un grand palais. C'est un chant d'une douceur étrange, qui exprime la fatigue et le découragement[2]. Qui peut bien écouter ce triste chant ?

En voyant le palais, on devine qu'il appartient à une famille de princes ou de prêtres.

Après avoir passé la porte, on entre dans une grande cour entourée d'un portique[3], que soutiennent de beaux piliers.

La faible musique dont nous venons de parler sort de l'une des chambres qui s'ouvrent sur le portique. Ses murs sont de couleur lilas[4]. Au milieu de la pièce, on trouve une table en bois,

1. Soleil de plomb : qui chauffe très fort.
2. Découragement : perte du courage, de l'espérance.
3. Portique : galerie soutenue par des piliers.
4. Lilas : fleur de couleur violette.

encombrée[1] de divers objets : un pot de fleurs de lotus*, un miroir de bronze...

Près de la table, une jeune fille d'une merveilleuse beauté est assise sur un fauteuil en bois doré.

Ses traits sont très fins et les artistes ont sans doute souvent pensé à elle en travaillant les statues d'Hâthor*. Ses joues pâles sont légèrement colorées de rose ; un trait d'antimoine[2] souligne ses grands yeux noirs, dans lesquels on lit une certaine tristesse. Ses cheveux, d'un noir brillant, sont coiffés en fines tresses. Sa poitrine est couverte d'un pectoral*, composé de perles d'or, de grains de cornaline[3], de poissons et de lézards en or. Au bras, elle porte des bracelets en grains de lapis-lazuli[4]. Elle est vêtue d'une robe à larges carreaux attachée par une ceinture.

Près de Tahoser – c'est le nom de la jeune Égyptienne –, une joueuse de harpe est agenouillée. Derrière elle, une autre musicienne, debout, joue de la mandore[5]. Une troisième jeune femme marque la mesure sur un

---

1. Encombré : couvert de trop d'objets.
2. Antimoine : khôl, maquillage de couleur sombre.
3. Cornaline : pierre précieuse transparente avec des reflets rouges.
4. Lapis-lazuli : pierre d'un joli bleu.
5. Mandore : ancien instrument de musique à cordes ressemblant au luth.

tympanon[1]. La joueuse de harpe chante une mélodie d'une grande tristesse.

Tahoser, le coude appuyé sur un bras du fauteuil, écoute le chant en poussant de légers soupirs.

– Satou, dit-elle en frappant ses mains délicates l'une contre l'autre, ton chant me rend triste ; joue un air qui me changera les idées.

Satou se met à jouer un chant vif et joyeux.

Mais ce rythme vif rend Tahoser encore plus mélancolique. Une larme coule sur sa belle joue et elle cache sa tête contre la poitrine de sa servante préférée, qui se tient à côté de son fauteuil.

– Oh ! ma pauvre Nofré, je suis bien triste et bien malheureuse !

Nofré fait un signe et les musiciennes partent aussitôt.

– Qu'as-tu, chère maîtresse ? Pourquoi es-tu si malheureuse ? Tu es jeune, belle et libre ; ton père, le grand prêtre Pétamounoph, t'a laissé de grandes richesses que tu peux dépenser comme tu veux.

Tahoser répond à Nofré :

– Oui, c'est vrai, les dieux ont été très bons avec moi ; mais toutes les richesses ne servent à rien quand il vous manque une seule chose, la plus importante.

---

1. Tympanon : instrument de musique composé de cordes tendues sur une caisse ; on joue en frappant sur les cordes.

Nofré sourit et dit d'un ton moqueur :

– Comment, maîtresse, tous tes caprices ne sont donc pas réalisés ? Si tu veux un bijou, tu l'obtiens aussitôt. C'est la même chose pour tout, les parfums, les robes, les chars...

La belle Tahoser secoue sa jolie tête ; elle n'apprécie pas le commentaire de sa servante.

– Pardon, maîtresse, je ne voulais pas te fâcher, dit Nofré. Tu dois t'amuser. Le Pharaon revient de faire la guerre en Éthiopie. Écoute ! on entend le bruit des roues des chars sur les pavés des rues ; le peuple traverse le fleuve pour se rendre sur le champ de manœuvres[1]. Va voir ce magnifique spectacle et tu rentreras plus gaie dans ton palais.

Tahoser, écoutant le conseil de sa servante, se lève et se laisse habiller. Nofré lui met de la poudre sur les cheveux et un peu de fard sur les joues. Elle passe ensuite à son bras des bracelets en forme de serpents et à ses doigts des bagues avec le scarabée sacré*. Elle appelle alors deux ou trois serviteurs et leur dit de préparer la barque et de traverser le fleuve avec le char et les bœufs.

Le palais de Tahoser se trouve tout près du Nil. La fille de Pétamounoph, accompagnée de

---

1. Champ de manœuvres : terrain où va défiler l'armée victorieuse.

Nofré et suivie de ses serviteurs, arrive bientôt sur le quai[1] où une foule immense attend le départ ou l'arrivée des bateaux.

Tahoser entre dans sa barque et atteint l'autre bord du Nil presque en même temps que son char et les bœufs.

Une fois les bœufs attelés[2], Nofré et Tahoser montent dans le char et Nofré le conduit.

De ce côté du fleuve, il y a aussi beaucoup de monde. Tous se dirigent vers le champ de manœuvres.

Tahoser regarde vaguement autour d'elle ; ses yeux n'expriment rien. Mais en passant devant une maison presque cachée par les arbres, elle semble s'éveiller et cherche des yeux sur la terrasse un visage connu.

Un beau jeune homme, appuyé à un pilier, observe la foule. Mais ses yeux ne s'arrêtent pas sur le char de Tahoser.

Cependant, la petite main de Tahoser s'accroche fortement sur le rebord du char et la jeune fille pâlit.

---

1. Quai : construction au bord de l'eau où l'on attache les bateaux.
2. Atteler : attacher une bête à une voiture, à un char.

# CHAPITRE II

PISTE 3

*N*OFRÉ ne s'est pas aperçue que sa maîtresse pâlissait en voyant l'inconnu. Elle est trop occupée à conduire le char au milieu de la foule. Enfin, elles arrivent au champ de manœuvres. Là aussi, la foule est nombreuse et attend impatiemment l'arrivée du Pharaon.

Sur le côté sud du champ de manœuvres, commence la route qui va vers l'Éthiopie. À l'angle opposé, le chemin continue jusqu'au palais du Pharaon.

Tahoser et Nofré se placent à cet angle, sur une sorte de plate-forme, pour bien voir le défilé.

Une puissante rumeur[1] se fait entendre au loin. Bientôt, le bruit particulier des instruments de musique devient plus fort que la rumeur produite par les chars de guerre et le pas des soldats à pied.

Le bruit augmente. Les premières files de musiciens arrivent dans le champ de manœuvres.

---

1. Rumeur : bruit confus.

Après les musiciens, viennent les prisonniers.
Des gardiens marchent à côté d'eux et les obligent
à avancer à coups de bâton.

Des femmes à la peau brune portant leurs
enfants dans leurs bras viennent derrière. Elles
sont suivies par d'autres, jeunes et belles, qui
plairont peut-être au Pharaon.

Les porte-étendards[1] viennent ensuite. Un héraut[2], tenant à la main un rouleau couvert de hiéroglyphes, s'avance tout seul au milieu d'eux. Il annonce d'une voix forte les victoires du Pharaon.

Enfin le Pharaon paraît. Son beau visage, aux traits purs, n'exprime aucune émotion. Ses lèvres ne disent rien et ses grands yeux ne regardent qu'au loin. Son air calme et majestueux est celui d'un dieu.

Ensuite viennent les chars de guerre des jeunes princes de la famille royale. Puis le reste de l'armée. Enfin défilent les esclaves[3] qui portent le butin[4] annoncé par le héraut.

Puis le Pharaon est retourné vers son palais. En passant devant la plate-forme où se trouvaient Tahoser et Nofré, il a longtemps fixé son œil noir sur la fille de Pétamounoph, puis il a discrètement levé une de ses mains. Personne n'a vu ce geste, à part un de ses serviteurs qui marchait près de son char ; l'homme a aussitôt regardé Tahoser.

La nuit est tombée. Tahoser retraverse le Nil et se retrouve bientôt à la porte de son palais.

---

1. Porte-étendards : soldat qui porte les drapeaux.
2. Héraut : militaire qui annonce des nouvelles.
3. Esclave : personne qui appartient à un maître, et qui n'est pas libre.
4. Butin : ce qui est pris à l'ennemi pendant une guerre.

# CHAPITRE III

*S*UR LE BORD GAUCHE du Nil se trouve la maison de Poëri, le jeune homme que Tahoser a regardé, le jour où elle est allée voir la rentrée victorieuse du Pharaon.

C'est une grande ferme, peinte de couleurs claires et gaies.

Devant la maison, il y a des vignes et un jardin rempli d'arbres fruitiers et de fleurs.

Des serviteurs, portant sur leurs épaules une barre de bois où pendent des jarres d'eau pour arroser les plantes, marchent dans les allées du jardin.

La porte de la maison s'ouvre et Poëri apparaît. Il est habillé comme les Égyptiens, mais on voit qu'il n'appartient pas à la race de la Vallée du Nil. Son teint est plus pâle, son nez plus fin ; ses yeux sont d'un bleu sombre, comme le ciel de la nuit, et ses cheveux sont plus doux que ceux des hommes du lieu.

Il est d'une beauté particulière ; c'est sans doute pour cette raison que Tahoser est attirée par lui.

La nuit qui suit l'arrivée du Pharaon, Tahoser se sent si malheureuse qu'elle décide de faire un dernier effort.

Elle s'habille avec des vêtements simples, ne garde qu'un bracelet en bois et, au lever du jour, elle sort de sa chambre. Elle traverse le jardin et s'avance sur le quai. Là, elle monte dans une barque et demande au rameur[1] de la faire passer de l'autre côté du fleuve.

Une main sur son cœur, elle avance à pas lents vers la maison de Poëri.

Il fait jour, les serviteurs ont commencé leur travail.

Tahoser se met à genoux devant la porte de la maison. Des larmes coulent sur ses joues.

Poëri la voit et la prend pour ce qu'elle est en réalité, une femme malheureuse.

– Entre, dit-il, la maison est accueillante[2].

Tahoser, encouragée par ces paroles, entre dans la maison. Poëri l'emmène dans une chambre. Il s'assoit sur un divan. Tahoser s'accroupit[3] devant le jeune homme.

– Je m'appelle Poëri, dit le jeune homme, et je m'occupe des biens du Pharaon.

– Je m'appelle Hora, répond Tahoser ; mes parents sont morts. Je suis seule et sans biens. Je sais travailler au fuseau[4] et tisser ; je pourrais

---

1. Rameur : personne qui fait avancer une barque avec des rames.
2. Accueillant : qui reçoit bien.
3. S'accroupir : s'asseoir sur ses talons.
4. Fuseau: instrument en bois qui sert à filer la laine...

même, si tu es fatigué de tes travaux, jouer pour toi un air tranquille.

– Hora, sois la bienvenue chez Poëri. Tu trouveras ici un travail agréable et pas trop dur car je sens que tu es délicate. Mes servantes seront bonnes avec toi.

Puis Poëri se lève. Tahoser lui baise les pieds pour le remercier. Avant de sortir, Poëri lui dit :

– Reste ici ; un serviteur viendra te donner à manger puis il te montrera ta chambre.

Et il s'éloigne tranquillement.

Les travailleurs le saluent. On voit qu'il est aimé et qu'il est un bon maître.

Un serviteur apporte le repas de Tahoser.

– Voici ce que le maître t'envoie. Mange, jeune fille, et reprends des forces.

Tahoser n'a pas très faim mais elle mange cependant tout ce qu'on lui sert.

Le serviteur part et elle se met à penser : « Me voilà dans la maison de Poëri. Je le verrai tous les jours. J'entendrai sa belle voix. Mais lui, qui ne m'a jamais regardée quand j'étais richement vêtue, va-t-il me remarquer maintenant que je porte de vieux habits ? »

Bientôt Poëri reparaît.

– Tu m'as dit, Hora, que tu savais jouer de la mandore. Prends cet instrument qui est accroché au mur et joue pour moi un air doux qui invite au sommeil.

Tahoser prend la mandore, s'approche du lit sur lequel Poëri s'est couché et se met à jouer et à chanter un vieil air égyptien.

– En effet, dit Poëri, tu ne m'avais pas trompé, tu joues très bien. Je te trouve différente de ce matin. Qui es-tu ?

– Je suis Hora, répond Tahoser. Je t'ai déjà raconté mon histoire. Mais veux-tu que je continue à jouer ?

– Oui, cet air est merveilleux.

La jeune fille se remet à jouer. Poëri ferme les yeux et s'endort.

Tahoser cesse alors de jouer et regarde le jeune homme. Il est si beau ! Elle se lève, se penche sur lui et dépose un baiser sur son front.

Le jeune homme, sentant les lèvres de Tahoser dans son sommeil, murmure en hébreu[1] :

– Ô, Ra'hel[2], bien-aimée Ra'hel.

---

1. Hébreu : nom donné au peuple juif ; langue de ce peuple.
2. Ra'hel : prénom : Rachel.

# CHAPITRE IV

*L*ES JOURS passent. Depuis que Tahoser vit chez Poëri, elle a oublié son palais de Thèbes et ses serviteurs. Elle ne sait pas que Pharaon l'aime. Elle ignore qu'il l'a fait chercher par Timopht, son fidèle serviteur, et qu'il lui a fait porter de magnifiques cadeaux. Elle ignore également sa colère, quand il a su qu'elle avait disparu. La jeune fille ne sait rien. Elle est heureuse de vivre près de Poëri, de le regarder vivre. Elle travaille avec joie pour lui.

Un jour qu'elle se trouve dans la cuisine avec les servantes de la maison, l'une d'elles dit soudain :

– Où le maître peut-il aller ainsi, chaque soir ?

– Le maître va où il veut. Il n'a pas d'explications à te donner, répond une autre servante, plus âgée. Ce n'est pas toi, en tout cas, qui le retiendrais ici. Hora elle-même, qui est plus belle que nous toutes, n'y arriverait pas. Notre maître porte un nom égyptien et il est au service du Pharaon, mais il appartient à cette race barbare[1] d'Israël ; s'il sort la nuit, c'est sans doute pour assister aux sacrifices[2] d'enfants que font les Hébreux.

Tahoser quitte la cuisine sans se faire remarquer et va se cacher dans le jardin.

Au bout de deux heures, elle voit Poëri sortir dans la campagne. Elle le suit discrètement.

Poëri se dirige vers le fleuve. Tahoser marche derrière lui sans faire de bruit.

Arrivé au bord du fleuve, Poëri saute dans une barque et commence à ramer tranquillement.

Tahoser est triste. Elle veut connaître son secret, mais elle ne peut le suivre. Que faire ? Elle enlève sa robe et la place sur sa tête, puis elle entre dans le fleuve. Elle se met à nager sans bruit et le jeune Hébreu ne remarque pas sa présence.

La barque arrive près du palais du Pharaon. Poëri l'attache à un pieu[3] et se dirige vers les rues de Thèbes. Tahoser sort alors du fleuve. Elle regarde la direction que prend Poëri, s'assoit un instant pour se reposer et s'habiller, puis marche derrière le jeune Hébreu.

Au bout d'un quart d'heure de marche, les palais, les riches maisons disparaissent et font

---

1. Barbare : primitif, sauvage.
2. Sacrifice : objet (chose, être) qu'on offre à un dieu.
3. Pieu : morceau de bois qu'on plante dans le sol pour attacher une barque

place à des habitations plus pauvres. Le jeune homme s'arrête devant une cabane[1], dont les fissures laissent passer un peu de lumière. Tahoser s'approche sans bruit, fait le tour de la maison et découvre une fente assez grande pour pouvoir regarder à l'intérieur.

Une petite lampe éclaire la chambre. Sur un lit est assise une femme de race inconnue, d'une grande beauté. Elle est blanche comme le lis[2] ; ses yeux sont très doux et ses cheveux noirs sont resplendissants.

Le jeune Hébreu s'assoit à côté d'elle et se met à lui parler. Tahoser ne comprend pas les mots, car Poëri et Ra'hel parlent dans la langue de leur pays, mais elle croit deviner le sens des paroles.

Elle ne peut cependant accepter ce qu'elle voit et qui la rend triste :

« C'est sans doute sa sœur, se dit-elle, et il vient la voir en secret car personne ne doit savoir qu'il appartient à cette race d'esclaves. »

Puis elle regarde avec encore plus d'attention et cherche à comprendre ce que les jeunes gens se disent.

– Elle est très belle... pour une sœur..., murmure-t-elle.

---

1. Cabane : maison faite avec des planches.
2. Lis : fleur très blanche.

« Oh, Ra'hel ! ma bien-aimée », disait Poëri, le jour où elle l'a embrassé. Tahoser se souvient de ce mot. « C'est un nom, sans doute... c'est son nom », se dit soudain Tahoser. Et la jeune fille a encore plus de peine.

Ra'hel pose sa tête sur l'épaule de Poëri ; le jeune homme dépose un baiser sur ses beaux cheveux.

– Oh, j'aurais préféré le voir assister à un sacrifice horrible, plutôt que de le voir embrasser cette belle femme, murmure Tahoser en se laissant tomber par terre.

Elle essaie de se relever, mais elle n'y parvient pas. Un nuage passe devant ses yeux et elle tombe évanouie[1].

Poëri sort de la cabane et donne un dernier baiser à Ra'hel.

Ra'hel, qui regarde Poëri s'éloigner, croit entendre un faible soupir. Elle écoute. Elle s'approche doucement de l'endroit d'où vient le bruit et aperçoit le corps étendu de Tahoser. Voyant qu'il s'agit d'une femme évanouie, Ra'hel se met à genoux près d'elle. Elle sent que la robe de l'inconnue est mouillée et, croyant que c'est du sang, elle appelle Thamar, sa servante.

Les deux femmes portent Tahoser dans la cabane et la couchent sur le lit. Voyant qu'elle

---

1. Évanoui : qui a perdu connaissance.

n'est pas blessée, elles lui enlèvent sa robe et la couvrent avec une couverture de laine.

Peu après, Tahoser ouvre les yeux. Elle regarde autour d'elle et se demande ce qu'elle fait dans cette pièce. Elle revoit alors Poëri parlant d'amour avec Ra'hel.

La lumière éclaire le visage de Ra'hel. Tahoser l'observe en silence. Ra'hel est vraiment très belle.

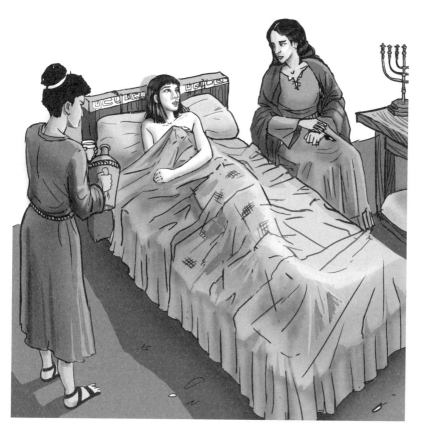

– Comment te sens-tu, maintenant ? lui demande Ra'hel, en langue égyptienne, car, à son aspect, elle a reconnu que la jeune fille n'appartient pas à sa race.

– Je vais un peu mieux, grâce à toi, répond Tahoser.

– Ne parle pas, tu vas te fatiguer, lui dit Ra'hel en posant sa main sur sa bouche. Essaie de dormir un peu. Thamar et moi, nous veillerons sur toi.

Tahoser finit par s'endormir.

Assise près du lit, Ra'hel continue de l'observer. Thamar, accroupie en face de sa maîtresse, la regarde aussi ; mais son visage n'exprime pas la sympathie. Elle se pose trop de questions sur la jeune fille.

La vieille servante dit à Ra'hel à voix basse et en hébreu :

– Maîtresse, que peut bien faire cette femme, au milieu de la nuit, dans ce quartier habité seulement par les pauvres prisonniers de notre race, que le Pharaon fait travailler durement ? Pourquoi sa robe est-elle mouillée, comme si elle sortait du fleuve ?

– Je ne sais pas, répond Ra'hel.

– C'est peut-être une espionne[1] de nos

---

1. Espion/espionne : personne chargée de surveiller les actions, les paroles d'une autre personne.

maîtres ? dit la vieille. De grandes choses se préparent ; quelqu'un a sûrement parlé.

– Cette jeune fille malade ne peut pas faire du mal ; elle est entre nos mains, faible, seule.

– En tout cas, il faut être prudent.

Le jour se lève enfin et la fièvre de Tahoser augmente.

– Si elle meurt ici, dit Thamar, on nous accusera de l'avoir tuée.

– Elle ne mourra pas, répond Ra'hel.

La journée se passe. La nuit vient et, avec elle, la visite de Poëri.

Ra'hel le fait entrer en lui faisant signe de ne pas faire de bruit, car Tahoser dort.

Poëri reconnaît aussitôt la jeune fille, dont la disparition l'a inquiété toute la journée, surtout depuis que Timopht, qui la cherche pour Pharaon, est venu le voir.

Il raconte l'histoire de Tahoser à Ra'hel.

– Ce que je ne comprends pas, c'est pourquoi Tahoser (si c'est elle) s'est déguisée en pauvre femme et pourquoi je la retrouve aujourd'hui chez toi.

– Elle t'a sans doute suivi, dit Ra'hel.

– À cette heure, il n'y avait que ma barque sur le fleuve.

– C'est pour cela que sa robe était mouillée ; elle a traversé le fleuve à la nage.

– C'est possible. Mais pourquoi a-t-elle fait cela ?

– C'est facile. Je vais t'expliquer. Tahoser a agi ainsi parce qu'elle t'aime. Comprends-tu, maintenant ?

Tahoser se réveille à cet instant. En voyant Poëri, elle se soulève un peu, prend la main du jeune homme et lui donne un baiser.

– Ses lèvres brûlent, dit Poëri en retirant sa main.

– D'amour autant que de fièvre, répond Ra'hel. Mais elle est vraiment malade. Thamar, va chercher Mosché[1].

Thamar part et revient bientôt, accompagnée d'un vieillard à la longue barbe blanche. Il a l'air d'un prophète[2] ou d'un dieu.

Il s'assoit près du lit de Tahoser et dit :

– Tu n'appartiens pas à la race élue[3] par le Seigneur, mais, au nom de Celui qui peut tout, sois guérie, jeune fille !

Le vieillard et Poëri se retirent. Tahoser s'endort. Ra'hel, qui est très fatiguée, va également se coucher.

---

1. Mosché : Moïse.
2. Phophète : personne qui prétend révéler des vérités cachées au nom d'un dieu.
3. Élu : choisi.

*A*LORS QUE les deux jeunes filles sont profondément endormies, Pharaon apparaît soudain dans la cabane de Ra'hel. Thamar, qui a écouté l'histoire de Tahoser, est allée prévenir Pharaon, afin de se débarrasser de la jeune fille et de gagner un peu d'argent. Après quelques difficultés, elle a pu lui parler. Alors Pharaon, fou de joie, s'est aussitôt rendu dans la cabane.

Pharaon prend Tahoser dans ses bras et se dirige vers la porte.

Quand la fille de Pétamounoph s'éveille et voit près de son visage celui de Pharaon, elle croit être en train de rêver. L'air de la nuit la réveille tout à fait et elle veut crier ; mais aucun son ne sort de sa bouche.

D'un bond, Pharaon saute dans son char et, serrant Tahoser contre lui, il l'emmène dans son palais.

Une fois au palais, Pharaon dépose délicatement Tahoser à terre en lui disant :

– Ne t'inquiète pas ; tu règnes sur Pharaon, et Pharaon règne sur le monde.

Pharaon est d'une grande beauté. Et si Tahoser n'aimait pas Poëri, elle l'aurait sans doute aimé.

Le roi lui prend la main et la conduit dans une chambre magnifiquement décorée. Il s'installe sur un trône et fait asseoir Tahoser à ses pieds, sur des coussins.

– Ô, Tahoser, dit-il en embrassant ses cheveux, je t'aime. Quand je t'ai vue, le jour de

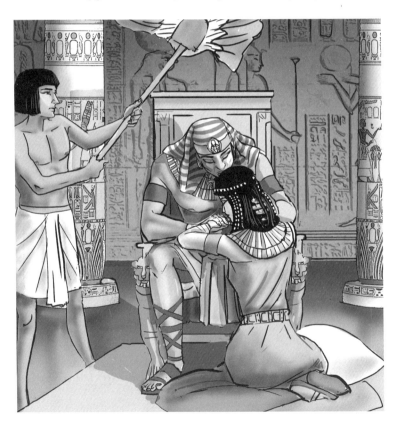

ma rentrée victorieuse, un sentiment inconnu est entré dans mon cœur. J'ai compris qu'il existe dans ce monde un être sans lequel je ne peux vivre et qui a le pouvoir de me rendre malheureux. J'étais un roi, presque un dieu ; ô, Tahoser ! tu as fait de moi un homme.

Tahoser est maintenant installée chez Pharaon dans un appartement splendide. Elle s'habitue à lui et retrouve avec plaisir les richesses et la vie de palais.

Un jour, Pharaon entre dans sa chambre. Tahoser se lève aussitôt et veut se prosterner[1]. Mais Pharaon s'approche d'elle, la relève et la fait asseoir.

– Ne t'humilie[2] pas ainsi, Tahoser. Tu es mon égale.

Timopht entre alors dans la pièce.

– Roi, dit-il, un homme mystérieux demande à te parler. Sa longue barbe descend jusqu'à son ventre. Il semble très puissant car les soldats s'écartent quand il passe et toutes les portes s'ouvrent devant lui.

– Comment s'appelle-t-il ?

– Mosché.

Le roi passe dans une autre salle pour recevoir Mosché.

---

1. Se prosterner : s'incliner très bas pour montrer son respect.
2. S'humilier : s'abaisser devant quelqu'un, se rendre humble.

Mosché paraît. Un autre Hébreu, appelé Aharon[1], l'accompagne.

Sans se prosterner, Mosché s'avance vers Pharaon et dit :

– Ainsi a parlé l'Éternel, le Dieu d'Israël : « Laisse partir mon peuple pour qu'il célèbre un sacrifice dans le désert. »

– Qui est l'Éternel à qui je dois obéir pour laisser partir Israël ? répond Pharaon. Je ne connais pas l'Éternel et je ne laisserai pas partir Israël.

Le grand vieillard répète tranquillement.

– Le Dieu des Hébreux nous a parlé. Nous voulons donc aller dans le désert et faire un sacrifice à l'Éternel, notre Dieu ; sinon il nous frappera de terribles malheurs.

– Retournez à vos travaux, répond Pharaon. Il n'y a pas d'autre dieu qu'Ammon-Ra*, son propre père, sa propre mère, dont il est aussi le mari. De lui viennent tous les dieux qui unissent le ciel à la terre. Votre sacrifice est en réalité un prétexte pour fuir. Sortez d'ici et continuez à travailler. Allez, j'ai dit.

Mosché se retire.

---

1. Aharon : Aaron, frère de Moïse, grand prêtre des Hébreux.

Quelques jours plus tard, il réapparaît au palais avec Aharon et refait la même demande.

– Qui me prouve, répond Pharaon, que l'Éternel vous envoie à moi pour me dire ces choses ?

Aharon jette alors son bâton devant le roi, et le bois commence à bouger, à se couvrir d'écailles[1], à remuer la tête et la queue, à se dresser et à pousser des sifflements horribles. Il s'est changé en serpent.

Les serviteurs et les soldats présents dans la salle sont effrayés. Mais Pharaon n'est pas troublé. Il sourit d'un air méprisant et dit :

– Voilà ce que vous savez faire. Ce n'est pas grand-chose. Faites venir mes magiciens et mes hiéroglyphites*.

Ils arrivent aussitôt.

– Pouvez-vous, dit le roi, changer vos bâtons en serpents comme vient de le faire Aharon ?

– Oh, roi ! c'est pour ce jeu d'enfants que tu nous as fait abandonner notre travail ? dit leur chef.

– Ennana, fais ce que je veux, dit Pharaon.

– Jetez vos bâtons à terre en disant les mots magiques.

---

1. Écailles : plaques qui recouvrent la peau de certains animaux (poissons, tortues...).

Les bâtons, avec un bruit sec, tombent sur le sol. C'est alors un étrange spectacle : ils se changent tous en serpents qui se mettent à ramper et à siffler horriblement.

Tahoser, qui est assise près de Pharaon, relève ses beaux pieds et les met sous elle, effrayée.

– Eh bien, dit Pharaon à Mosché, tu vois que mes hiéroglyphites en savent autant que toi ; leurs bâtons se sont changés en serpents comme celui d'Aharon. Tu ne peux pas me convaincre.

Mosché étend la main, et le serpent d'Aharon se précipite vers ceux des hiéroglyphites et les dévore tous. Puis il se change à nouveau en bâton.

Pharaon fait signe au vieillard de se retirer.

Le roi accompagne Tahoser dans ses appartements. La fille de Pétamounoph, encore effrayée, se met à genoux devant lui et dit :

– Ô Pharaon, est-ce que tu n'as pas peur d'éveiller la colère de ce Dieu inconnu pour qui les Hébreux veulent faire un sacrifice dans le désert ? Laisse partir Mosché et les siens ; sinon, l'Éternel nous fera mourir.

– Quoi, tu as peur de ces serpents ? Tu n'as donc pas vu que mes magiciens ont produit eux aussi des serpents ?

– Oui, mais celui d'Aharon les a dévorés ; c'est très mauvais signe.

# CHAPITRE VI

Q UELQUES JOURS plus tard, Pharaon, qui se trouve près du Nil pour voir la crue[1] du fleuve, aperçoit tout à coup Aharon et Mosché qui s'avancent vers lui.

Mosché lui répète sa demande.

– Prouve-moi par un miracle la puissance de ton Dieu, dit le roi, et j'accepte.

– Prends ton bâton, dit Mosché à Aharon, et étends la main sur les eaux des Égyptiens, leurs fleuves, leurs lacs ; ils doivent se changer en sang.

Aharon tend son bâton et frappe l'eau. Aussitôt, les eaux commencent à se troubler et deviennent rouges, de plus en plus rouges. Le Nil est bientôt un fleuve de sang. Et les eaux de toute la ville se changent ainsi.

– Ce miracle ne m'étonne pas, dit Pharaon. Faites venir Ennana et ses hiéroglyphites ; ils vont faire de même.

Ennana arrive avec ses hommes.

Entre-temps, Aharon a redonné leur aspect

---

1. Crue : montée des eaux d'un fleuve.

normal aux eaux des Égyptiens. Pharaon demande alors à Ennana de refaire le miracle d'Aharon. Aussitôt, les eaux redeviennent rouges.

– As-tu une autre preuve de ta mission que celle-là ? demande Pharaon à Mosché.

– Dans sept jours, si tu ne nous as toujours pas laissés partir, je reviendrai et je ferai devant toi un autre miracle, répond calmement Mosché.

Sept jours plus tard, Mosché revient. Il dit à Aharon :

– Étends ta main avec ton bâton sur les rivières, les fleuves, les lacs, et fais monter des grenouilles sur toute l'Égypte.

Aussitôt qu'Aharon fait le geste, des millions de grenouilles sortent du fleuve.

Pharaon regarde ces grenouilles d'un air ennuyé et se met à en écraser le plus possible avec son sceptre*. Mais en vain. Il en sort encore plus de tous les côtés.

Il décide d'appeler à nouveau ses magiciens. Dès qu'Ennana et ses hommes arrivent, Aharon fait disparaître toutes les grenouilles pour permettre au magicien égyptien de refaire le miracle.

Et c'est ce que fait Ennana ; les grenouilles reviennent et la terre en est couverte.

Mais Aharon étend alors son bâton et Ennana ne parvient pas à les faire disparaître.

Impuissant, il se retire avec ses hiéroglyphites.
Voyant qu'il vient de perdre cette bataille,
Pharaon promet à Mosché de le laisser partir.
Les grenouilles disparaissent aussitôt sous
les eaux.

Mais Pharaon ne tient pas sa promesse.
Alors l'Égypte connaît de nombreux fléaux[1].
Une véritable lutte s'installe entre les hiérogly-
phites et les deux Hébreux.

Ennana, fatigué, dit un jour à Pharaon :
– Nos paroles magiques ne peuvent rien
contre cette force mystérieuse. Accepte de les
laisser partir et laisse-nous rentrer chez nous
pour étudier ce Dieu nouveau, cet Éternel plus
fort qu'Ammon-Ra et qu'Osiris. La science de
l'Égypte est vaincue.

Mais Pharaon refuse toujours de laisser partir
les Hébreux.

Une nuit, un vent du sud se lève. Au petit
matin, un immense nuage roux cache le ciel. Ce
nuage n'est pas comme les autres. Il ne donne
pas de gouttes de pluie mais des millions de
sauterelles[2] roses, jaunes et vertes qui pénètrent
partout, envahissent tout, dévorent tout.

Pharaon supplie Mosché d'arrêter ce fléau.
C'est ce que fait Mosché, mais Pharaon n'accepte

1. Fléau : catastrophe, désastre.
2. Sauterelle : insecte à grandes pattes postérieures et qui saute.

toujours pas de laisser partir les Hébreux.

Une nuit d'horreur, un fantôme vole sur l'Égypte et entre dans toutes les maisons où ne vivent pas les Hébreux. Et tous les nouveau-nés mâles meurent. Le fils de Pharaon meurt aussi. Mais le roi ne cède toujours pas.

Il est silencieux au fond de son palais et regarde le corps de son fils, couché sur son lit de mort. Il ne sent même pas les larmes de Tahoser qui coulent sur ses mains.

Mosché apparaît et lui refait sa demande.

– Allez faire le sacrifice à votre Dieu dans le désert ! dit Pharaon.

Tahoser saute au cou du roi et lui dit :

– Je t'aime maintenant ; tu es un homme et non un dieu au cœur de pierre.

# CHAPITRE VII

O<small>N VIENT</small> prendre le corps du jeune prince. Pharaon le voit partir d'un air triste et dit :

– Je n'ai plus de fils, ô Tahoser ; si je meurs, tu seras reine d'Égypte.

– Pourquoi parles-tu de mort ? dit la jeune fille ; tu verras d'autres générations grandir et s'épanouir[1] auprès de toi.

– Moi, l'invincible[2], j'ai été vaincu. Tu avais raison de le dire tout à l'heure, Tahoser ; me voilà descendu au niveau des hommes. Mais puisque tu m'aimes, maintenant, j'essaierai d'oublier et je t'épouserai quand les cérémonies de l'enterrement seront terminées.

Les Hébreux, craignant de voir Pharaon changer d'avis, se mettent rapidement en marche. Une foule immense avance lentement avec ses troupeaux et ses richesses.

---

1. S'épanouir : se développer dans le bonheur.
2. Invincible : celui qu'on ne peut pas vaincre, qu'on ne peut pas dominer.

Le sacrifice à l'Éternel n'est en fait qu'un prétexte. Israël quitte pour toujours la terre d'Égypte.

Alors Pharaon, en colère, décide de poursuivre les Hébreux. Il prépare six cents chars de guerre et part sur les traces de ses ennemis. C'est vers Pi-ha'hirot, près de la mer Rouge, que les Égyptiens atteignent les Hébreux, qui campent au bord de l'eau.

En voyant les Égyptiens arriver, les Hébreux perdent courage. Ils ont peur car ils ne peuvent échapper à la bataille. Ils sont en colère contre Mosché.

– Pourquoi nous as-tu obligés à quitter l'Égypte ? lui crient-ils. Il vaut mieux être esclave que mort.

Tous se préparent à lutter mais, face aux chars de guerre, ils ont peu de chance.

Mosché étend alors son bâton sur la mer. Un grand miracle se produit : un vent d'Orient, d'une violence extraordinaire, se met à souffler et soulève l'eau de la mer Rouge. Celle-ci se sépare en deux et dégage un large chemin qu'on peut emprunter à pied.

Les Hébreux se précipitent dans ce chemin miraculeux.

Les Égyptiens hésitent à les suivre. Mais Pharaon pousse ses chevaux et les oblige à avancer derrière les Hébreux.

Les six cents chars le suivent. Quand ils se trouvent tous sur le chemin, Mosché fait un signe de la main, et la mer se referme aussitôt.

De la gloire et de l'armée de Pharaon, il ne reste bientôt plus rien.

Sur le bord opposé, Miriam, la sœur d'Aharon, se met à chanter. Deux millions de voix entonnent l'hymne de la délivrance.

*T*AHOSER a attendu en vain Pharaon et a régné sur l'Égypte, puis elle est morte au bout de quelque temps. On l'a déposée dans le magnifique tombeau préparé pour le roi et son histoire a été écrite par Kakevou sur un papyrus.

Quant à Lord Evandale, il n'a jamais voulu se marier. Les jeunes héritières se demandent pourquoi. En effet, comment peuvent-elles imaginer que Lord Evandale est tombé amoureux de Tahoser, fille de Pétamounoph, morte il y a trois mille cinq cents ans !

# L'Égypte

**Amenti** : Occident, pays où vont les âmes des morts avant d'être jugées par Osiris.

**Ammon-Ra** : dieu égyptien représenté sous la forme d'un homme avec, sur la tête, un soleil surmonté deux longues plumes. Il est le dieu le plus important à Thèbes.

**Bandelettes** : petites bandes de tissu avec lesquelles on enveloppait les momies en Égypte.

**Bari mystique** : barque dans laquelle sont transportées les âmes des morts vers l'Amenti.

**Cartouche** : encadrement qui, dans les inscriptions hiéroglyphiques, entoure le nom des rois.

**Égyptologue** : scientifique spécialiste des antiquités égyptiennes.

**Fellah** : nom des paysans en Égypte.

**Hâthor** : déesse égyptienne représentée sous la forme d'une vache, ou d'une femme qui porte le soleil entre des cornes ; c'est elle qui nourrit le monde qu'elle a fait naître.

**Hiéroglyphes** : caractères des anciennes écritures égyptiennes.

**Hiéroglyphites** : prêtres qui interprètent les textes sacrés.

**Lotus** : nom donné à plusieurs fleurs du Nil.

**Momie** : cadavre desséché et embaumé.

**Osiris** : dieu égyptien représenté sous l'aspect d'une momie, les bras croisés sur la poitrine, tenant d'une main le sceptre, de l'autre le fouet. C'est le juge des âmes.

**Papyrus** : plante du Nil ; sa tige sert à faire des feuilles pour écrire.

**Pectoral** : ornement que portent sur la poitrine les pharaons, les grands prêtres...

**Pharaons** : anciens rois d'Égypte.

**Pschent** : coiffure portée par les pharaons et formée de deux couronnes.

**Scarabée sacré** : le scarabée est un insecte. On le trouve représenté sur de nombreuses tombes et sur des bijoux. Il représente le soleil.

**Sceptre** : bâton de commandement.

**Sphinx** : statue de lion couché, à tête d'homme.

**Sycomore** : arbre originaire d'Égypte aux fruits comestibles et au bois très léger.

**Taureau Apis/Apis** : dieu égyptien représenté sous la forme d'un taureau portant parfois le soleil entre les cornes. Il est associé à Osiris (Osiris-Apis) et est honoré comme dieu des morts.

**Vallée des Rois** : site archéologique d'Égypte situé au nord-ouest de l'ancienne Thèbes. C'est là que se trouvent les tombeaux des pharaons.

# Prologue

**1.** Qui sont Lord Evandale et Rumphius ? Que font-ils à Thèbes ?

**2.** Qu'est-ce qu'Argyropoulos propose à Lord Evandale ?

**3.** Quelle impression ont les voyageurs quand ils entrent dans la « salle dorée » ?

**4.** Pourquoi Rumphius est-il étonné quand on ouvre le sarcophage ?

**5.** Dans le sarcophage, quelle est la découverte qui va encore plus étonner Rumphius ?

**6.** Quel est l'aspect de la momie ?

**7.** Où Lord Evandale va-t-il garder le sarcophage ?

**8.** Que contient le papyrus trouvé par Rumphius dans le sarcophage ?

# Chapitre I

**1.** Qui est Tahoser ?

**2.** Pourquoi Tahoser est-elle triste ?

**3.** Quel événement se passe à Thèbes ce jour-là ?

**4.** Avant d'arriver au champ de manœuvres, un événement fait changer Tahoser d'attitude ; de quoi s'agit-il ?

# Chapitre II

**1.** Quels sont les différents groupe qui composent le défilé de l'armée victorieuse ?

**2.** À partir de ce chapitre, que voit-on sur la personnalité du Pharaon ?

# Chapitre III

**1.** Qui est Poëri ? Que fait-il ?

**2.** Dans ce chapitre, qu'est-ce que Tahoser décide de faire et pourquoi ?

**3.** Comment est-elle reçue par Poëri ?

# Chapitre IV

**1.** Pendant l'absence de Tahoser, que s'est-il passé chez elle ?

**2.** Qu'est-ce que Tahoser apprend sur Poëri dans la cuisine ?

**3.** En suivant Poëri, qu'est-ce que Tahoser va découvrir ?

**4.** Que fait Ra'hel lorsqu'elle découvre Tahoser évanouie ?

**5.** Pourquoi Thamar n'apprécie pas la présence de Tahoser chez Ra'hel ?

## Chapitre V

**1.** Comment Pharaon retrouve-t-il Tahoser ?

**2.** Qu'est-ce que l'on découvre sur la personnalité de Pharaon depuis que Tahoser vit dans son palais ?

**3.** Pourquoi Mosché va-t-il trouver Pharaon ?

**4.** Quelle est la réaction de Tahoser après le miracle des serpents ?

## Chapitre VI

**1.** Après la série de miracles, à quelle conclusion Ennana est-il arrivé ?

**2.** Pourquoi Pharaon finit-il par laisser partir les Hébreux dans le désert ?

## Chapitre VII

**1.** Après la mort de son fils, quelles décisions Pharaon prend-il par rapport à Tahoser ?

**2.** Que fait Pharaon quand il découvre que les Hébreux sont en train de fuir ?

**3.** Quelle sera l'issue de la « bataille » ?

# Chapitre VIII

**1.** Qu'est devenue Tahoser après la disparition de Pharaon ?

**2.** Dans ce chapitre, qu'apprend-on sur Lord Evandale ?

**Édition :** Martine Ollivier
**Maquette :** Wok
**Couverture :** Fernando San Martin
**Illustrations :** Conrado Giusti
**Coordination artistique :** Catherine Tasseau

**Crédits photographiques**
**p. 3 :** Archives Nathan
**Couverture :** Daylight Photo/fotolia